Maroc :

Joies et peines d'une nation déterminée.

MED LABANE

Copyright©2023

Maroc :

Joies et peines d'une nation déterminée.

Roman du terroir

Sommaire.

Chapitre 1 : Le Maroc à travers les âges.
Chapitre 2 : La joie.
Chapitre 3 : Le défi.
Chapitre 4 : Détermination et espoir.

Chapitre 1
Le Maroc à travers les âges.

« Berceau des hommes libres, source des lumières.

Terre de souveraineté et terre de paix.

Puissent souveraineté et paix y être à jamais réunis.

Tu as vécu parmi des nations, tel un titre sublime.

Emplissant chaque cœur, déclamé par chaque langue.

Par son âme, par son corps, ton champion s'est levé, et a répondu à ton appel.

Et dans ma bouche, et dans mon sang, ton amour a secoué lumière et braises.

Mes frères, allons, vers ce qu'il y a de plus haut.

Nous proclamerons au monde, que c'est ici que nous vivons.

Avec pour étendard, Dieu, la Patrie, le Roi ».

Hymne national marocain.

L'hymne national marocain, une sainteté emprunte de l'âme patriotique profondément ancrée dans le cœur de chaque citoyen, prêt à périr pour le chérir éternellement. Un étendard qui demeure sa fierté quel qu'il soit ; arabe, berbère, sahraoui, juif, chrétien ou musulman.

Le pays du couchant est depuis des lustres une terre d'accueil par excellence. Son drapeau dressé majestueusement sur un tapis rouge infranchissable, orné d'une étoile verte de paix et cohabitation, il flotte comme un arbre dont les racines plantées en Afrique et les branches étendues vers l'Europe. Découvrons à présent sa semence aux rameaux ancestraux, qui offre une frondaison d'une richesse admirable.

Le Maroc, doté d'une langue émanant de son livre sacré auquel il est profondément attaché, d'une forte dépendance de l'agriculture comme source de subsistance, et d'une cohésion familiale comme sens de constance, il évoque incontestablement l'essence d'un roman du terroir. Sa culture imprégnée de traditions anciennes perpétuant sa grandeur à travers les âges, fait de lui une toile vivante où l'histoire, la foi et les liens familiaux se tissent ensemble pour créer une identité unique à la fois résiliente et fascinante.

Selon les données du dernier recensement, la population marocaine actuelle compte 36,67 millions d'habitants, 50,2% sont des femmes, 64,3% de citadins, 56,6% d'âge actif, 25,2% d'enfants et 12,2 % de personnes âgées. Mais l'ère du Maroc a commencé très longtemps. Ce pays à la croisée des mondes est un véritable trésor d'histoire et de culture qui a été le témoin silencieux de l'ascension et de la chute de civilisations importantes depuis la nuit des temps. Nous sommes emmenés dans ce récit à découvrir une partie des influences qui ont forgé son identité unique, et suivre les traces archéologiques indiquant la présence humaine dès la période préhistorique.

Le monde est marocain* ! Les premiers habitants, des chasseurs-cueilleurs, ont laissé des empreintes de leur existence dans les grottes et les abris rocheux répartis à travers ses régions. Avant l'arrivée des grandes civilisations, ces ancêtres ont créé le paysage marocain il y a environ 315000 ans, ce qui confirme que le plus ancien représentant connu de notre espèce, Homo sapiens, vivait au Maroc.

Grotte des Pigeons de Tafouralt.

Le premier chirurgien et patient opéré y vivaient aussi, il s'agit de la première intervention chirurgicale au monde, connue sous le nom de "Trépanation"**, qui a été effectuée dans une grotte située dans le nord-est du pays, surnommée" La grotte des Pigeons".

D'après L'abbé *Jean Roche*, Préhistorien Français spécialiste du Paléolithique supérieur du Maroc et du Portugal (1913-2008), la grotte des Pigeons a également fonctionné au cours d'une période du Paléolithique supérieur comme une nécropole. Les fouilles de L'abbé *Jean Roche* ont mis au jour plus de 180 squelettes qui ont fait l'objet d'une passionnante étude en détail par l'archéologue Française *Denise Ferembach*. Dans le niveau de la nécropole a été également exhumé un squelette dont le crâne présentait les traces d'une trépanation considérée comme la plus ancienne au monde. Les radiographies ont démontré la présence d'un processus de cicatrisation qui impliquerait que l'individu a survécu à cette opération***. Les archéologues remontent leurs recherches selon le niveau archéologique dans lequel le crâne a été découvert à une date entre 11000 et 12000 ans, ce qui fait du crâne trépané le premier opéré dans l'Histoire de l'humanité.

****

*La découverte, faite par une équipe internationale dirigée par (Jean-Jacques Hublin : Institut Max-Planck d'anthropologie évolutionniste de Leipzig et Collège de France). Journal Le Monde le 07 juin 2017 par Hervé Morin.

Trépanation : opération chirurgicale consistant à pratiquer un trou dans un os. Tumeur de cerveau en particulier. * Source Wikipédia. Grotte des Pigeons de Tafouralt.

Le Maroc antique présentait une variété de cultures et d'influences différentes. Les Phéniciens, qui étaient de grands navigateurs, ont fondé des colonies sur les côtes du pays, contribuant ainsi à la croissance du commerce dans la région.

Au 1er siècle avant J-C, les Romains ont conquis une partie du territoire et ont apporté leur architecture, leur langue et leur mode de vie. Les ruines de Volubilis, une ville inscrite au patrimoine mondial de l'UNESCO et connue pour ses riches mosaïques, ses thermes, son arc de triomphe et ses temples, constituent les vestiges archéologiques romains les plus célèbres dans le pays et témoignent de l'important héritage des civilisations antiques qui ont contribué à sa diversité culturelle.

À cette époque, le Maroc entretenait des relations avec la société carthaginoise, qui était connue pour ses explorations maritimes et son impact sur la région de la méditerranée occidentale. Le patrimoine marocain a été profondément influencé par ces multiples échanges.

Outre la présence romaine et carthaginoise, le Maroc a également été le foyer de plusieurs autres civilisations antiques. Les Vandales, les Byzantins et les Berbères autochtones s'y sont s'installés jusqu'à l'islamisation du pays en 710.

Volubilis, ville antique romaine.

L'apparition de l'Islam au VIIe siècle est l'un des moments les plus importants de l'histoire du Maroc. La région a été conquise par les musulmans sous le règne des Omeyyades et est devenue un centre de la foi islamique. Fès, capitale culturelle du pays, est depuis ce temps-là un chef-lieu intellectuel qui attire par le biais de son université "La Quarawiyine" des scientifiques et des érudits du monde musulman. Cette dernière est considérée comme la première université au monde, fondée sous le règne des Idrissides en 859 par une femme marocaine pieuse et riche qui a utilisé sa fortune pour établir cette institution éducative. L'héritage de *Fatima Fihria* perdure à travers cet édifice qui a joué un rôle majeur dans l'histoire de l'éducation et de la culture islamique. Nous sommes encore au 9e siècle, alors que le rôle de la femme Marocaine brillait déjà à cette époque.

Statue de Fatima Fihria au Jordan Museum d'Amman.

Le paysage marocain a été durablement marqué par l'architecture islamique qui se caractérise par ses magnifiques mosquées et ses palais ornés de mosaïques. Cette dernière a eu un impact significatif sur le pays et a façonné merveilleusement ses médinas avec des palais et riads somptueux, ses anciennes citadelles avec des remparts et des portes monumentales, ses magnifiques mosquées avec des colonnes ornées de zelliges et des minarets surplombant la ville. Un exemple remarquable de cet héritage architectural sont les médinas de Fès et de Marrakech, avec leurs rues étroites, quartiers animés et souks traditionnels.

L'architecture islamique a profondément influencé la civilisation marocaine en lui conférant une esthétique distinctive, une identité culturelle forte et des espaces architecturaux emblématiques qui continuent de captiver les visiteurs du monde entier.

La Koutoubia de Marrakech.

- Les grandes dynasties impériales du Maroc :

La Dynastie Idrisside (789-974) : Fondée par *Idriss Ier*, elle est considérée comme la première à régner sur le Maroc. Elle a établi sa capitale à Fès et a joué un rôle capital dans l'islamisation de la région.

La Dynastie Almoravide (1060-1147) : Elle a construit un empire puissant au 11e siècle sous le règne de *Youssouf Ibnou Tachfine*. Les Almoravides étaient originaires de la région du Sahara et ont unifié le Maroc et une grande partie de l'Espagne musulmane, ce qui a conduit à une période de richesse culturelle et économique.

La Dynastie Almohade (1147-1269) : Elle a succédé à l'Almoravide et poursuivi l'expansion de l'empire musulman en Espagne et au Maghreb. Les Almohades ont construit des monuments célèbres comme la mosquée Koutoubia à Marrakech et instauré un climat propice et riche en sciences. Cette dynastie a eu un impact significatif sur l'histoire du pays.

La Dynastie Mérinide (1244-1465) : Les Mérinides ont renversé les Almohades et ont établi leur propre règne, centré principalement sur Fès. Ils ont joué un rôle important dans la lutte contre les croisades en Afrique du Nord.

La Dynastie Saâdienne (1554-1659) : Les Saâdiens ont émergé à la fin du XVIe siècle et ont établi leur pouvoir à Marrakech. Ils ont contribué à l'expansion territoriale du Maroc qui a connu l'apogée de sa civilisation sous le règne du sultan *Ahmed Al Mansour Addahbi* : *Ahmed* le victorieux doré.

La Dynastie Alaouite : Depuis 1666, la dynastie actuelle du Royaume Chérifien, fondée par *Moulay Rachid*, gouverne le pays. Le Roi *Mohammed VI, actuellement au pouvoir, succède à son père le Roi Hassan II en 1999.*

Ces dynasties ont eu un impact significatif sur l'histoire du pays. Elles ont joué un rôle essentiel dans le développement de sa culture et sa politique tout au long des siècles, contribuant à le façonner tel qu'il est aujourd'hui.

Le Maroc a été le théâtre d'un conflit au cours du XIXe siècle entre les puissances coloniales européennes. Il a été colonisé par la France et l'Espagne, ce qui a laissé des cicatrices profondes dans la société marocaine. Sa politique, son économie et sa culture ont été affectées par l'occupation étrangère. Le sultan *Mohammed V* a dirigé le mouvement nationaliste marocain qui a travaillé pour obtenir l'indépendance du pays.

Le Maroc est finalement devenu souverain en 1956, mettant fin à des décennies de colonisation.

La culture marocaine est composée d'une variété de pratiques, de traditions et d'influences variées. Elle est présente dans tous les aspects de la vie quotidienne, de la cuisine à la musique en passant par l'artisanat. La gastronomie marocaine est célèbre pour son raffinement et sa variété, ce qui la rend séduisante dans le monde entier. Les plats marocains sont une véritable symphonie d'épices et d'arômes, avec des ingrédients comme le cumin, la coriandre, la cannelle et le safran qui ajoutent une profondeur de saveur unique.

La cuisine marocaine est caractérisée par le tajine, un plat mijoté préparé dans un récipient en terre cuite du même nom. Les restaurants sont agrémentés de tajines différents, allant de l'agneau aux pruneaux et aux amandes, au poulet confit aux olives.

L'artisanat marocain : le tagine coloré.

Les marchés animés, également connus sous le nom de souks, font l'étalage de produits frais, d'épices multicolores et d'artisanat local. Ils offrent une expérience sensorielle inoubliable où les visiteurs peuvent découvrir la cuisine de rue et goûter aux délices de la gastronomie marocaine. Du méchoui au couscous, pour finir le festin avec un thé à la menthe accompagné de délicieuses cornes de gazelle, l'appétit est tout simplement ravi. À cet égard, une visite de la fameuse place "Jamâa el Fna" à Marrakech en vaut inévitablement le détour.

La musique du Maroc est un assortiment de styles et influences, elle combine des rythmes de musique arabo-classique, andalouse, judéo-chrétienne, berbère, africaine. L'oud, un luth à cordes pincées qui crée des mélodies envoûtantes, en est l'un des instruments les plus célèbres.

Gnawa, surnommé le jazz marocain, est une forme musicale mystique issue des coutumes africaines qui se distingue par son rythme hypnotique et son instrument traditionnel appelé "le guembri".

Led Zeppelin : Jimmy Page et Robert Plant. Jimi Hendrix

Le Gnawa a influencé de nombreux artistes à travers le monde, comme le groupe Led Zeppelin, l'emblématique guitariste Jimi Hendrix qui a été marqué par la magie du Gnawa après un voyage à Marrakech, ou encore le célèbre Will Smith, hypnotisé par cette musique mythique. Ces artistes montrent comment ce genre musical a traversé les frontières et touché des musiciens d'origines différentes.

Le festival annuel de musique Gnawa dans la ville d'Essaouira, ex Mogador, ainsi que celui de Fès pour la musique andalouse et le chant soufi, reflètent la diversité culturelle du pays et témoignent de son passé historique riche et varié.

L'acteur Will Smith dans une transe signée Gnawa.

Voyager au fond des temps dans le Maroc à travers les âges est un témoignage tangible de cette histoire complexe. Le pays a traversé des périodes tumultueuses pour devenir le joyau qu'il est aujourd'hui, des premiers habitants préhistoriques aux dynasties impériales, en passant par la période de la colonisation et la lutte pour l'indépendance.

Les ressources du Maroc proviennent en particulier du phosphate, de l'agriculture, la pêche et le tourisme. Le pays n'est pas classé parmi les nations riches en hydrocarbures. Cependant, grâce à ses ressources humaines, à sa stabilité politique et sa diplomatie sage qui le distinguent du reste des pays de la région, outre son emplacement géographique et sa vue stratégique sur deux mers et continents, il est devenu un leader continental et un model enviable en termes d'évolution et d'investissement.

Quand les Lions rugissent.

Chapitre 2
La joie.

« De tes terres, de tes eaux, de tes montagnes. De ton air, de tes villes et campagnes.

De tous tes arbres et toutes les pierres qui jonchent ton sol ô Maroc !

La demeure des hommes libres, le rayonnement des lumières.

Le forum de la paix et de la protection.

Le baiser des amoureux et la demeure des généreux et des honorables.

Le Maroc des gloires parmi les nations.

La patrie des arabes, des berbères et du Sahara.

À partir duquel les armées de conquête sont parties pour construire leur civilisation sur la terre d'Andalousie.

Dans lequel se trouvent les majestueuses montagnes de l'Atlas, qui abritent des lions ».

Poème de Khalil *Al Boulouchi. Traduit.*

Ainsi, le célèbre commentateur sportif Omanais *Khalil Al Boulouchi* ouvrait ses commentaires sur les matchs de l'équipe nationale marocaine pendant le mondial du Qatar. Ses expressions enthousiasmantes bouleversaient les fans de l'équipe et enflammaient le cœur des téléspectateurs devant leurs écrans. Le désir du Maroc de participer au Mondial est une épopée qui traverse les stades de football et pénètre dans les esprits et les cœurs de tout un peuple. Il s'agit de l'histoire de son équipe nationale de football et de la passion dévorante de ses fans, une histoire qui se base sur des moments forts, des sacrifices et de l'unité d'une nation entière.

Le chemin vers la qualification au mondial est difficile et toutes les équipes souhaitent y participer. Le Maroc s'est lancé dans ce défi avec une détermination inébranlable, les lions de l'Atlas sont déterminés à tout faire pour réussir à faire connaître leur pays et sa fierté à l'échelle internationale. L'équipe nationale reflète la diversité, les joueurs provenant majoritairement de pays européens sont unis par une passion commune : l'amour profond pour leur pays d'origine.

Les victoires du Maroc ont eu un impact significatif et ont généré une grande fierté en moyen Orient, en Afrique et dans certains pays d'Asie et d'Amérique latine. Ce succès sportif transcende les frontières nationales et culturelles.

Le soutien à l'équipe vient en partie du monde arabe qui voit la performance marocaine comme une source de fierté et d'inspiration pour sa communauté, démontrant que la persévérance et le talent peuvent conduire à une reconnaissance internationale.

Pour l'Afrique, ce succès est une source de fierté continentale et renforce l'idée que les équipes africaines peuvent concourir au plus haut niveau du football mondial.

Le soutien des pays d'Asie et d'Amérique latine a également montré une admiration pour les progrès d'une équipe qui, grâce à l'esprit essentiellement collectif et combatif, est devenue petit à petit la bête noire de la compétition. Dans l'ensemble, cette fierté découle de la croyance en la capacité des pays émergents à briller sur la scène internationale, que ce soit dans le sport, la culture ou d'autres domaines. Ce qui montre que le succès d'un pays peut inspirer et servir de modèle pouvant unir les communautés du monde entier.

L'exploit du Maroc au Mondial du Qatar montre que tout est possible et que la détermination peut conduire à des résultats incroyables. La vision classique sur le football qui voyait les mêmes pays réussir à chaque fois va certainement changer après ce grand succès. Ce dernier pourrait inspirer d'autres équipes à travers le monde à travailler dur et à croire en elles-mêmes, comme il pourrait être également bénéfique pour le sport dans son ensemble, en créant un intérêt accru et un climat plus compétitif, surtout avec la nouvelle réforme d'augmenter le nombre des pays participants à quarante-huit.

Liesse de joie après la qualification aux quarts de finale.

Les joueurs portent sur leurs épaules le poids de tout un pays, ainsi que celui de leur coach surnommé tête d'avocat. Ils le font avec la fameuse expression "dirou niyya, signifiant : ayez une bonne intention et confiance". Une expression lancée par sagesse ou par irritation du coach *Walid Regragui* envers un journaliste lors d'une conférence de presse, et qui depuis ce jour est devenue le noyau fruitier qui sème la baraka et nourrit la confiance dans les relations quotidiennes entre les citoyens.

Les Lions de l'Atlas ne sont pas les seuls à se lancer dans cette aventure, car à chaque rencontre, ils sont accompagnés d'un 12e joueur chargé de les surveiller. Les fans de football ne sont pas seulement des spectateurs, mais ils jouent également un rôle moteur et fournissent un véritable soutien moral à l'équipe. Ils sont célèbres pour leur ferveur sans précédent et se rassemblent dans les stades, vêtus de rouge et vert, brandissant leur drapeau et scandant des chants de soutien. L'atmosphère est électrisée par une énergie qui transforme les tribunes en mer rouge. Lorsque l'hymne national marocain est chanté dans le stade, c'est une occasion sacrée de rassemblement, où des milliers de personnes se lèvent en chœur pour chanter avec fierté. Chaque instant du match est vécu et apprécié par les supporters qui partagent leur émotion, leur tension et leur extase avec leur équipe.

Frénésie rouge pendant l'hymne nationale.

L'affection des Marocains pour leur équipe nationale va au-delà des stades. Elle s'étend dans les cafés, les marchés, les maisons et même sur les lieux de travail. Les gens se rassemblent dans les rues pour regarder le match sur de grands écrans installés dans les places publiques, les familles se réunissent devant la télévision, tandis que les enfants des zones rurales s'extasient devant un petit écran ou une radio à piles, rappelant l'ambiance de la célèbre série radiophonique marocaine « Al Azalia », diffusée au bon vieux temps des années soixante-dix sur la radio nationale.

La série, de son nom « L'éternelle », était très populaire auprès des Marocains. Elle perdure comme une renommée éternelle et des générations se souviennent encore de la manière dont cette œuvre radiophonique créait des événements, compte tenu du suspense qui caractérisait ses épisodes. Elle était comparable au feuilleton britannique emblématique des années soixante "*DOCTOR WHO*", qui a acquis un statut légendaire dans le monde de la science-fiction. La série présente le Docteur, un seigneur du temps voyageant à travers l'espace dans un vaisseau spatial appelé le TARDIS. Célèbre pour son mélange d'aventure et d'exploration de concepts temporels, DOCTOR WHO a exercé une profonde influence sur la culture britannique et la télévision en général.

Le voyage de l'équipe nationale marocaine au Qatar a été marqué par de nombreux sacrifices, des efforts et des moments de réussite. Mais les supporteurs étaient là derrière elle à chaque étape, avec une passion remarquable pour la soutenir.

Dolmy : Histoire d'un amour sans fin.

Dolmy, de son vrai nom Noureddine Falah, est une figure emblématique largement reconnue comme le supporteur le plus célèbre du pays. Avec ses longs cheveux bouclés et son style atypique, il suscite parfaitement des comparaisons physiques avec la légende marocaine, Abdelmadjid Dolmy. Noureddine Falah demeure un fervent soutien des Lions de l'Atlas, prêt à les encourager inconditionnellement à chaque instant.

Il explique l'origine de son surnom, Dolmy, attribué par l'ancien sélectionneur Brésilien feu José Mehdi Faria lors de la Coupe du Monde au Mexique en 1986, à laquelle il avait assisté. Depuis cette date mémorable, il n'a presque jamais manqué un match de l'équipe nationale, et il est difficile de chiffrer le nombre impressionnant de voyages qu'il a entrepris pour soutenir les Lions de l'Atlas. Il en parle avec fierté, incarne une passion indéfectible pour le football et demeure une véritable icône au sein de la communauté sportive marocaine.

Les lions de l'Atlas ont écrit une page d'histoire en devenant la première nation arabe et africaine à se hisser dans le dernier carré, une performance historique pour le pays et un tremplin pour l'avenir comme l'a souligné le sélectionneur *Walid Regragui*. C'est une histoire inspirante de la façon dont un petit poucet peut devenir grand grâce à la cohésion collective et la détermination.

Les performances de l'équipe ainsi que leur stratégie de jeu et l'espoir de sa qualification sont sujets incontournables des discussions quotidiennes. Le football devient une source de fierté et de joie collective qui transcende les frontières sociales, rassemblant des personnes de tous horizons autour d'un même intérêt.

Au cours des phases de qualification, l'équipe nationale marocaine remporte des événements inoubliables. Les rues de tout le pays se transforment en une grande fête avec une foule en liesse, des klaxons, des drapeaux et des gens qui dansent au rythme des youyous. La joie et la fierté de cet exploit ont submergé l'âme marocaine où qu'elle soit ainsi que les sympathisants de cette fameuse équipe, au point d'envahir royalement la personnalité de sa Majesté le chef suprême, qui n'a pas hésité à son tour à descendre immédiatement dans les rues de la capitale pour partager la même euphorie avec son peuple.

Le Roi Mohamed VI dans les rues de Rabat après la qualification aux quarts de finale.

Les lions de l'Atlas au Qatar représentaient plus qu'une simple équipe de football. Ils étaient et sont toujours un rêve pour une nation unie derrière eux. Le onze marocain a réalisé une performance exceptionnelle en atteignant les demi-finales pour la première fois dans l'histoire des équipes africaines et arabes. L'objectif était d'aller très loin dans la compétition, en gardant à l'esprit le respect des valeurs de fair-play et que l'essentiel était de s'être bien battue, comme l'a dit Pierre de Coubertin. Mais cette fois, l'esprit Coubertin prônant comme objectif la participation à la compétition, a été largement dépassé. Les joueurs, grâce à une grande force mentale, ont donné le meilleur d'eux-mêmes en faisant preuve de courage, de détermination et de solidarité. Ainsi, la récompense a été signée majestueusement au carré d'or.

Quoi qu'il en soit, le Maroc garde sa part de fierté récompensée par le travail formidable de l'artisan chargé à la confection du trophée au sein de l'entreprise italienne "GDF Bertoni", réputée pour la fabrication de coupes et de médailles, et qui n'est incontestablement que le Marocain *Ahmed Ait Sidi Abdelkader*.

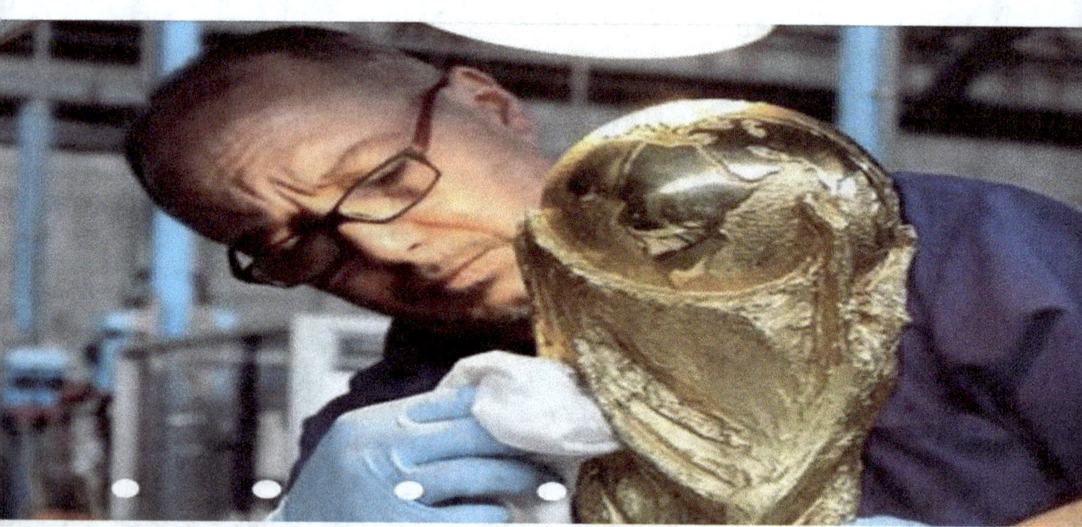

Ahmed Ait Sidi Abdelkader : Histoire d'un trophée mondial.

Les supporteurs ont une ferveur qui va bien au-delà des limites du pays. Des millions de marocains se réunissent dans les diasporas à travers le monde pour appuyer leur équipe nationale. Des cafés à New York aux places publiques de Paris, en passant par les foyers de Gaza et Tel-Aviv, la ferveur des supporteurs dépasse les frontières géographiques ou religieuses. La voix de l'unité se dresse derrière l'hymne national comme une forte référence de l'attachement profond de tout un peuple où qu'il soit : Dieu, la Patrie, le Roi.

A moins que ce record du Qatar soit battu par la suite, cette performance restera à jamais un mythe inscrit dans les annales fantastique du pays. L'équipe et son voyage seront gravés dans l'histoire du Maroc pour toujours, comme un témoignage éclatant de la force, de la détermination et de l'unité.

Quand la Passion dépasse les frontières

Les moments de fête sont particulièrement touchants. Lorsqu'un joueur marque un but, il se dirige vers sa mère pour l'embrasser et chercher sa bénédiction. Puis, il se prosterne visage au sol, louant Allah, et se dirige ensuite vers ses fans qui l'emportent dans une vague d'affection et de gratitude. Le triomphe est célébré par ces derniers qui le couvrent de drapeaux, lui exprimant leur amour avec une émotion in exprimable.

Achraf Hakimi et Sofiane Boufal. La joie avec Maman.

Pendant les matchs de qualification, les rivalités régionales disparaissent et les disparités politiques diminuent. Le pays de rassemble comme une famille unie dans une transcendance où l'importance de l'identité marocaine est supérieure à toutes les autres considérations. La preuve en est la photo émouvante de *Lino Bacco*, exprimant l'appartenance inconditionnelle à un pays qui ne fait aucune distinction entre ses citoyens en termes d'origines ou de croyances.

Les larmes précieuses de Lino Bacco, lors de la qualification de l'équipe nationale du Maroc aux huitièmes de finale.

Lino Bacco, de son vrai nom *Louis Gaspard Lobianco*, est un journaliste sportif italien né à Casablanca, où sa famille est établie depuis plus d'un siècle. L'animateur est connu pour son émission phare "Mars Attack", diffusée sur la fameuse "Radio Mars" dont il est l'un des fondateurs. La fréquence numéro un en couverture sportive est très prisée par les passionnés du football. Son succès dû à ses débats enflammés et commentaires animés oblige les auditeurs à suivre ses émissions avec intérêt, les incitant parfois à faire partie des débats et devenir arbitre lors des tacles entre ses adversaires acharnés.

Si par malchance, vous êtes accro du taxi et adepte du zen en même temps, votre sifflet devient muet à ce moment-là, monsieur l'arbitre, et il faudra vous armer de patience pendant les accrochages (entre Martiens, pas nos chers taxiens, les pauvres terriens). Pardon!

Au-delà de la passion pour le football, la trajectoire de l'équipe nationale représente une alliance sacrée. Les Marocains de toutes les régions, classes sociales et générations sont rassemblés autour d'un objectif commun : la réussite de leur pays sur la scène internationale. Tout au long de cette période, de nombreux sympathisants se sont également réunis pour soutenir l'équipe nationale, scandant avec exubérance des cris d'encouragement "Sir, Sir, signifiant, vas-y, vas-y ", à l'instar du British youtubeur *Thogden*.

Le youtubeur Brirocain Thogden.

Depuis le mondial du Qatar, le blogueur britannique *Theo Ogden*, suivi par plus d'un million d'abonnés, est devenu supporter des lions de l'Atlas et fervent admirateur de la culture marocaine. Ami des joueurs et du pays, il y a effectué de nombreuses visites pour encourager l'équipe nationale et partager la joie avec un public fan qui le suit de près.

Deux des joueurs les plus célèbres dans cette catégorie sont *Achraf Hakimi* et *Hakim Ziyech*. Le premier est né en Espagne et a commencé sa carrière professionnelle au Real de Madrid, avant de passer au Borussia Dortmund, à l'Inter de Milan et récemment au Paris Saint-Germain. Le deuxième est né aux Pays-Bas où il a excellé avec l'Ajax Amsterdam avant de rejoindre Chelsea. Les deux binationaux ont préféré les couleurs rouge et verte et ont remporté de grands succès avec l'équipe nationale, contribuant ainsi à la qualification pour la demi-finale du mondial. Ils sont fièrement admirés pour leur talent et dévouement pour leur pays.

Hakim Ziyech et Achraf Hakimi après le match contre l'Espagne

Cette histoire de l'équipe nationale et de ses supporters dévoués témoigne de la force d'un peuple pour briser le plafond de verre, surmonter les défis et relever son pays. C'est une célébration de la passion, de la fierté et de l'unité qui forment une communauté prête à soutenir son équipe et à l'accompagner jusqu'au portail du palais royal de Rabat, où le père spirituel de la nation les attendait à son tour avec leurs mamans dans un accueil somptueux.

L'accueil chaleureux réservé aux lions de l'Atlas et leurs mamans par sa Majesté le Roi.

8 juillet 2023 : un nouvel exploit à l'encre dorée.

La victoire de l'équipe nationale U23 sur le titre continental a consolidé le travail phénoménal des joueurs et de la fédération royale. Un travail qui témoigne de la détermination de tout un pays à élever son drapeau au plus haut niveau. Le Maroc remporte ainsi son premier titre africain pour cette tranche d'âge, et l'aventure continue pour ces champions qui nous donnent rendez-vous en 2024 à Paris pour les prochains Jeux olympiques.

Le Maroc champion d'Afrique 2023.

20 juillet 2023 : Mondial féminin d'Australie et Nouvelle-Zélande. Cette fois, c'est au tour des lionnes de l'Atlas de prouver leur détermination et marquer l'histoire. Elles auront comme mission de consolider leur rôle dans le registre cérémonial et promouvoir leur patrie dans ce forum international.

Et ainsi soit-il, l'équipe féminine a réalisé un exploit exceptionnel sous la direction du coach *Reynald Pedros*. Les larmes de joie de ce dernier après la qualification au deuxième tour, ainsi que son chant de l'hymne national en début des matchs ont été émouvants. "Allah, Al Watan, Al Malik".

L'équipe nationale féminine a marqué l'histoire, tout comme ses pairs masculins. Elle a atteint les huitièmes de finale dès sa première sélection au mondial, ce qu'aucun autre pays arabe n'a pu réaliser.

Les lionnes de l'Atlas qualifiées aux huitièmes de finale de la Coupe du Monde Australie-Nouvelle Zélande 2023.

- La diaspora Marocaine :

Bien que les Marocains soient de diverses ethnies ou religions, leur attachement à la mère-patrie demeure intrinsèque.

La diaspora marocaine constitue un moteur crucial pour la représentation du Maroc à l'échelle internationale, elle sert de passerelle dans la coordination entre sa patrie et son pays de résidence. Qu'ils soient juifs, chrétiens ou musulmans, mais avant tout Marocains, ces représentants sont les ambassadeurs et ambassadrices de la diplomatie parallèle, Mesdames et Messieurs !

Comme la liste est longue, seuls quelques noms seront cités. Mais le rôle des autres acteurs n'est pas moins important et mérite un respect égal.

Rachid Yazami : Physico-chimiste marocain et inventeur de l'anode graphite pour batterie lithium-ion.

Serge Berdugo : Ancien Ministre. Président du Rassemblement mondial du Judaïsme marocain et dirigeant de la communauté juive marocaine.

Moncef Slaoui : Chercheur en biologie, nommé par *Donald Trump* en 2020 à la tête de l'opération "Warp Speed" pour la fabrication du vaccin anti-Covid. *Richard Attias* : Homme d'affaires et communicant international Marocain. Dans une interview sur la chaine France 5, et sous le regard attentif d'*Éric Zemmour*, il répond à la journaliste :

« Richard Attias ! Vous vous sentez patriote ?

Oui, je suis très attaché à mon pays, le Maroc. J'ai vraiment une racine profonde attachée à mon pays. Quand le régime de Vichy est arrivé au Maroc et on a demandé au feu Roi *Mohamed V* de donner les juifs, il a répondu : " Si vous voulez les prendre, vous me prenez moi en premier". Et je crois que c'est ce devoir de mémoire qui fait que je suis resté Marocain ».

Rajaa Cherkaoui El Moursli : Chercheuse spécialiste en physique nucléaire. Prix l'Oréal-Unesco pour les femmes et la science en 2015.

Marc Lasry : Surnommé " The Moroccan Freak", il est une figure médiatique influente aux Etats Unis. Dirigeant de l'un des fonds d'investissement les plus performants du monde et propriétaire du légendaire club NBA des Milwaukee.

Gad El Maleh : Acteur, humoriste, réalisateur.

Jamal Debbouze : Acteur, comédien.

Nawal Moutawakkil : Athlète internationale, médaille d'or du premier 400m haies féminin de l'histoire des Jeux olympiques à Los Angeles en 1934.

Yariv El Baz : Homme d'affaires décrit par le New-York Times comme l'un des intermédiaires importants du deal entre les USA et le Maroc.

Asmaa Boujibar : Géophysicienne, enseignante-chercheure à Western Washington University. Elle est la première femme marocaine à intégrer la NASA.

Kamal El Oudghiri : Ingénieur spatial : NASA.

Samir Machhour : Vice-président de Samsung biologics.

Yossi Dahan : L'homme d'affaires Israélien d'origine marocaine qui a promis une grosse prime aux lions de l'Atlas pendant le Mondial 2022. Dans une interview rapportée par le site Israélien, lphinfo.com, spécialisé dans l'actualité juive, il affirme au lendemain de la victoire du Maroc sur l'Espagne : « Je ne crois pas qu'il existe un mot en hébreu pour exprimer ma joie. Je suis sorti du Maroc mais le Maroc est toujours en moi ».

Abdeljabbar El Manira : Professeur de neuroscience, élu membre de l'Académie royale des sciences de Suède en 2015, premier chercheur arabe membre du jury Prix Nobel de médecine.

Faouzi Annajah : Ingénieur, fondateur de société NAMX : 1er véhicule à hydrogène "made in Morocco".

Michel Ohayon : Homme d'affaires Marocain et patron de plusieurs hôtels à travers le monde, dont le Waldorf Astoria de Jérusalem, le Grand hôtel de Bordeaux, ainsi qu'une vingtaine de magasins Galeries Lafayette.

Vos compatriotes s'inclinent devant vous avec respect, Mesdames et Messieurs ! "Dieu, la Patrie, le Roi.

L'étendard "Dieu, la Patrie, le Roi" éclaire la ville d'Agadir.

Les années 2022 et 2023 ont été signées joie et passion grâce aux exploits des lions et des lionnes, que ce soit au niveau continental ou mondial. Mais l'année 2023 n'est pas encore achevée, et les Marocains se retrouveront face à une nouvelle épreuve très rude cette fois, qui coûtera la vie à des milliers de leurs compatriotes.

Merci à vous.

Nous sommes de vous et pour vous.

Les Lions de l'Atlas font don de toutes leurs primes en faveur des sinistrés du séisme, jusqu'à la CAN 2024 en Côte d'ivoire. Journal LE MATIN, 12 Septembre 2023.

Chapitre 3
Le défi.

" Lorsque la terre sera secouée par son tremblement. Lorsque la terre rejettera ses fardeaux. Lorsque l'homme demandera, que lui arrive-t-il ? Ce jour-là, elle racontera sa propre histoire, d'après ce que son Seigneur lui a révélé ". *Saint- Coran, 99 : Le tremblement.*

En ce vendredi 8 septembre 2023, Marrakech brille d'un éclat radieux avant que la tragédie ne touche sa région. Comme toutes les autres journées, la ville ocre a commencé son activité avec les rues animées et les touristes au rendez-vous. Le soir, à 23h11, alors que les habitants de la province d'Al-Haouz dormaient, leur ultime sommeil pour des milliers de personnes, un séisme de magnitude de 7° frappe de plein fouet le sud du Maroc.

La terre a tremblé et la région toute entière, au plus profond des montagnes rocheuses, a ressenti un rugissement sourd suivi de secousses dévastatrices, faisant tomber des maisons centenaires en nuages de poussière, piégeant des personnes sous les décombres et causant une perte de vies considérable.

Au moment où les sirènes des ambulances résonnaient dans les rues et les équipes de secours se précipitaient, l'âme humaine n'a pas fléchi et les Marocains se sont immédiatement mobilisés et ont fait preuve d'une solidarité exceptionnelle.

Alors que les premiers témoins de la catastrophe s'empressaient de venir en aide, une lueur d'espoir surgit au milieu des ruines, faisant agir la capacité et la résilience du peuple. Les fans qui ont soutenu leur équipe nationale jusqu'au Qatar lors de la fête du mondial commençaient à se regrouper en masse pour panser les blessures des survivants cette fois et accompagner leurs défunts jusqu'à la dernière demeure. Avec une grande détermination, les équipes de secours, les pompiers, les ambulanciers, les volontaires et les forces de l'ordre se sont mobilisés. Ils ont bravé les décombres instables pour extraire des survivants, fournir des soins médicaux d'urgence et réconforter les personnes traumatisées.

Le civisme et la détermination de tout un peuple à se relever immédiatement étaient démontrés par les files innombrables pour le don de sang, l'invasion des supermarchés pour acheter toutes les provisions nécessaires, et la marée de convois en provenance de tout le royaume. Leur dévouement et leur soutien moral et matériel ont suscité plus qu'un point d'interrogation sur la créativité de ce peuple et sa capacité à surmonter l'adversité.

Solidarité Maroc : don de sang, convois, don de provisions. Prêts à tout pour nos enfants ; la génération de demain.

Ainsi, les protagonistes de la tragédie ne sont pas seulement les professionnels de secours. Des personnes ordinaires, des héros anonymes, ont accompli des actes de bravoure sur les lieux sinistrés. Des habitants ont soutenu leurs voisins, des étrangers se sont unis pour aider, et les vendeurs ont ouvert leurs commerces pour offrir abri et nourriture.

Omar, gérant d'un restaurant situé sur la route reliant Marrakech à Taroudant, raconte à un journal combien la solidarité a été remarquable en voyant passer des centaines de convois chargés à ras bord. Depuis le début des actions humanitaires, ce dernier a mobilisé son équipe pour fournir des repas gratuits aux voyageurs bénévoles.

En tant que commerçant, déclara-t-il, j'ai été témoin de la détresse causée par le séisme. J'ai immédiatement ressenti le besoin d'aider de quelque manière que ce soit, j'ai donc décidé d'ouvrir mon restaurant pour accueillir les bénévoles. C'était incroyable de voir à quel point les gens se sont mobilisés pour apporter leur soutien. J'ai fait de mon mieux, j'ai offert gratuitement gîte et nourriture aux convoyeurs pour qu'ils puissent se reposer et se ressourcer. Ce fut une expérience émouvante et gratifiante de voir notre communauté se rassembler dans un moment de crise. Je suis fier d'avoir pu contribuer à ce collectif.

Au milieu de la tragédie, le Roi *Mohamed VI* a adressé un message puissant à la nation en s'engageant lui-même dans le don de sang. Contrairement aux messages occidentaux diffusés sur les plateaux, le message de sa Majesté a été transmis avec le cœur, cœur d'un Monarque mais surtout d'un père qui sait communiquer avec ses enfants par les actes. Les Marocains sont très conscients de ce langage qui appelle solennellement à l'unité ancrée dans leurs mœurs.

Sa visite dans les hôpitaux pour réconforter les personnes ayant survécu était une interprétation du rôle attendu par un peuple unis pour faire face à cette période difficile. Sa force pour surmonter cette catastrophe sera sa cohésion, sa solidarité et sa capacité à résister.

Dans tout le pays, la compassion du Roi a suscité un sentiment d'unité et de détermination. Les Marocains réalisent que la reconstruction impliquera non seulement des travaux matériels, mais également spirituels. C'est l'opportunité de démontrer au monde la force de ce peuple, sa capacité à se relever.

Visite de Sa Majesté le Roi au CHU de Marrakech.

Le Roi a engagé de toute urgence une caisse pour la collecte des fonds nécessaires permettant la reconstruction des zones sinistrés. Le Maroc rebâtira ses régions reculées avec une nouvelle architecture qui préservera probablement l'aspect traditionnel, mais qui s'adaptera certainement aux normes sécuritaires.

14 Septembre 2023 au Palais Royal de Rabat, réunion de travail présidée par le Roi Mohamed VI, consacré au programme d'urgence pour la prise en charge des sinistrés d'Al-Haouz.

Ce séisme qui a secoué six régions du Royaume, à savoir Marrakech, Al-Haouz, Chichaoua, Taroudant, Ouarzazate et Azilal, a laissé une empreinte profonde sur ces provinces du sud. Pas moins de 163 communes ont été durement touchées par cette catastrophe, affectant ainsi une population de 2,8 millions d'habitants. Les zones rurales et les douars sinistrés se chiffrent à 2930, tandis que le nombre de bâtisses effondrées atteint un total de 59674.

La réponse rapide du Maroc face à cette tragédie a été exemplaire. Sa Majesté a présidé une réunion de travail exceptionnelle au cours de laquelle il a prodigué des directives prioritaires à toutes les institutions, afin d'initier immédiatement les opérations de secours pour les victimes. Sur le terrain, il a également ordonné la création d'un compte spécial capable de gérer les conséquences du séisme. Ce soutien financier est destiné à apporter une assistance directe aux familles touchées, ayant perdu tout ou partie de leur logement. De plus, il a donné le coup d'envoi d'un programme de reconstruction et de réhabilitation des zones dévastées, reposant sur une approche réfléchie, intégrée et ambitieuse. Ce programme comprend la restauration des bâtisses affectées, le renforcement des infrastructures et l'amélioration de la qualité des services publics, dans le but de restaurer la vie normale dans ces régions durement touchées. Le devoir impératif des institutions gouvernementales est désormais d'accorder une priorité bien plus pressante à ces régions vulnérables.

Face à ces catastrophes sismiques, de nombreuses interrogations surgissent concernant les risques qui entourent le pays. Mais avant d'approfondir ce sujet, il est essentiel d'adopter une perspective scientifique précise et reconnaître que la situation géographique du royaume l'expose inévitablement de manière continue à cette calamité.

Le Maroc a été le théâtre de nombreux tremblements de terre tout au long de son histoire, variant en gravité, en raison de sa position sensible située dans une zone de convergence entre deux plaques tectoniques majeures, africaine et eurasienne, ce qui l'affecte profondément et le vulnérabilise aux vibrations résultant de la collision de ces deux masses en mouvement. Les secousses sismiques ont été une constante tout au long de son passé et le pays est pleinement conscient, je tiens à souligner encore une fois l'importance de cette perspective scientifique, que de futurs séismes plus ou moins considérables ne peuvent être exclus tant que notre univers perdurera.

En mai 1078, un séisme secoue les rives de Gibraltar, suivi le 31 décembre 1079 par un autre qui frappe la ville de Larache, entraînant la perte de nombreuses vies humaines. La ville de Fès a également été le témoin de plusieurs séismes au cours des années 1522, 1624, 1755 et 1773. Celui de 1624 fut particulièrement destructeur, touchant les villes de Taza, Fès et Meknès. Le 5 août 1660, Melilla a été au bord d'une catastrophe sismique majeure, causant des pertes en vies humaines et d'énormes dégâts matériels. En 1719, le pays a été frappé sur les côtes atlantiques, atteignant Marrakech même, où il a causé d'importants dégâts matériels.

Cependant, le tremblement de terre le plus puissant des dernières décennies reste celui qui a ravagé Agadir en 1960, atteignant une magnitude de 5,7 sur l'échelle de Richter et détruisant presque entièrement la ville. Cette catastrophe a malheureusement causé la mort de près de 15000 personnes, environ les deux tiers de la population de la ville à l'époque. La nécessité de reconstruire la perle de Souss dans son intégralité a été impérative. Par la suite, le tremblement de terre d'Al Hoceima en 1994 a laissé des cicatrices profondes, suivi d'un autre le 24 février 2004, d'une magnitude de 6°, qui a malheureusement causé la mort de 600 personnes et des centaines de blessés.

Agadir 1960 : le Roi Mohamed V constate les dégâts du séisme.

Après toute cette série de tremblements, le pays a bien tiré des leçons sur la gestion de crises, en analysant ce qui a bien fonctionné et ce qui pourrait être amélioré. Le renforcement des capacités de préparation et de réponse aux cataclysmes est essentiel, cela permettrait de renforcer la résilience du pays face à de futures calamités.

Les catastrophes naturelles compromettent sérieusement l'économie du pays touché, car en plus de toutes les pertes humaines importantes et de l'impact émotionnel et social profond sur la société, les gouvernements doivent faire face à une lourde responsabilité pour mettre en place des mesures de prévention et répondre aux exigences concernant le relogement de populations et la remise à niveau de l'infrastructure endommagée.

Le Royaume est conscient que la reconstruction ne sera pas des choses faciles, elle nécessite une diligence raisonnable et efficace de la part de toutes les autorités compétentes. Cela nécessite surtout une enveloppe budgétaire importante à sortir des tiroirs de l'État. Mais le Royaume est également convaincu que tous ces aléas de la vie ne l'affaibliront guère, sachant que tout ce qui ne tue pas complètement Simba, le rendra encore plus fort.

L'équipe nationale qui avait été soutenue quelques mois auparavant par les défunts d'aujourd'hui, s'implique à son tour dans cette mission en donnant son sang et promettant également son engagement sur d'autres actions aussi importantes pour la reconstruction.

Les temps tournent, un jour pour et un jour contre, comme dit-on. Et dans cette crise, il était du devoir de l'équipe nationale de jouer son rôle de citoyenneté et de soutenir ses supporters dans cette épreuve. Ô combien de blessés de ce drame étaient prêts à donner tout leur sang quelques mois auparavant pour aider leur petit poucet à devenir grand, embrasser le trophée mondial et l'emmener à la maison. Les voici aujourd'hui secourus avec le sang de leur Roi, de leurs compatriotes et leur équipe bien-aimée.

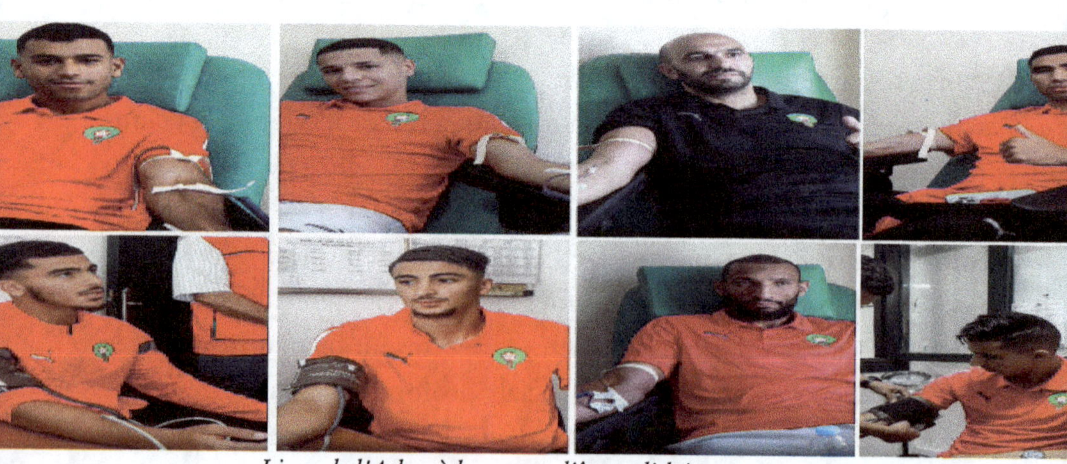

Lions de l'Atlas, à leur tour d'être solidaires.

La région d'Al-Haouz commence à se relever de ses cendres et l'espoir couvre progressivement les jours sombres. Plusieurs associations et organisations caritatives marocaines et étrangères ont participé à l'action humanitaire, animées par des volontaires qui ont rejoint les équipes de secours dans un esprit solidaire pour apporter leur aide aux victimes.

Bien que la reconstruction physique soit un défi considérable, elle est soutenue par l'espoir et la persévérance. La résilience de tout un peuple permettra à la ville ocre et sa région de se relever plus fortes que jamais.

À Marrakech, il y a des cicatrices plus profondes que jamais, laissant une marque indélébile de l'épreuve la plus sévère que la ville millénaire n'ait jamais connue. Qu'elles soient dissimulées sous des couches de mémoire poussiéreuse ou gravées dans la pierre montagneuse, les séquelles du passé demeureront des témoins silencieux de l'histoire. La région a été frappée par un séisme qui a causé des dommages sans précédent, mais cette tragédie a également démontré la résilience profondément ancrée dans l'esprit de tout un peuple.

Quand nous regardons un peu en arrière, nous pouvons constater à quel point l'humanité est capable de faire face à l'adversité. Les actes de bravoure, de générosité et de solidarité qui ont découlé de cette épreuve peuvent nous inspirer. Cette tragédie est un exemple de la manière dont une nation peut se relever, rassemblée et déterminée, pour créer un avenir radieux.

La place Jamâa el-Fna, l'endroit le plus animé de Marrakech, avec ses étals de marché illuminés et sa cuisine de rue, était devenue un dortoir sombre et silencieux ce soir-là, avec des débris jonchant le sol et des bâtiments endommagés. Les cris de désespoir et douleur étaient déchirants, les équipes de soutien s'efforçaient de réparer les dégâts avec une quête acharnée pour trouver des survivants. Des familles ont été séparées, des vies ont été perdues et une région pleine de vie a sombré dans le deuil.

Nuit longue sur la place Jamâa El Fna. Population en deuil.

Lorsque la terre a bougé, je suis sorti dans la rue, comme tous les habitants de Casablanca, par crainte d'un possible effondrement. Avant la secousse, un bruit énorme s'est produit, on dirait un train passait au-dessus de nous. Malgré la solidité de l'immeuble dans lequel j'habite et son respect aux normes de sécurité, l'akathisie de la terre s'est fait ressentir tellement la secousse a été forte. Ma famille et moi sommes sortis de l'appartement pour nous abriter dans un espace public, où nous avons passé quelques heures en espérant ne pas subir d'autres répliques. À cet instant, j'ignorais que toute la région de Marrakech souffrait davantage. Le choc n'a été plus effrayant que le lendemain matin lorsque nous avons appris l'ampleur du séisme qui a ravagé des villages entiers, causant des dommages matériels et humains considérables. Les images des premiers instants après le tremblement de terre étaient saisissantes, des villages entiers ont été transformés en ruines, les bâtisses historiques et les minarets qui autrefois étaient élevés avec fierté vers le ciel, s'étaient transformés en amas de pierres et de poussière.

Une rue de la médina de Marrakech impactée par le séisme.

Cependant, un vent d'espoir a soufflé en cette période de terreur grâce à la grande cohésion. La population, aspirant toujours à l'abondance, s'est d'abord inclinée avec foie face à son destin en implorant son Seigneur et sa providence, avant d'appeler à résister massivement aux conséquences.

Tous unis, la fierté et la solidarité ont subitement été brandi. Les uniformes des forces civiles et militaires, qui participaient côte à côte aux opérations de secours, étaient difficilement identifiables sous la poussière qui les recouvrait. Les organisations humanitaires se sont rapidement déployées pour coordonner les actions et fournir une aide vitale. Bien que les hôpitaux aient été remplis de blessés, un hôpital militaire a vu le jour en un temps record, les médecins et les infirmières ont continué à travailler sans relâche pour prodiguer des soins.

Malheureusement, près de 3000 personnes ont perdu la vie en cette nuit fatidique, des enseignants, des imams, des élèves... Ces derniers se sont retrouvés du jour au lendemain privés du savoir et de connaissances. Malgré la tragédie qui les a bouleversés, leur courage n'a pas cédé. Ils ont travaillé ensemble, ramassé leurs livres, récupéré ardoises et plumes, créé des espaces improvisés pour continuer leur cours et apprendre le coran, une coutume estampillée dans le cœur des Marocains à travers des générations.

Des enfants apprennent le coran dans une medersa.

Au milieu des décombres, *Aicha* se tient debout, incapable de comprendre ce qui se passe. Son regard fixé sur les ruines fumantes de sa maison d'autrefois, elle ne cesse d'appeler tous ses enfants disparus par leurs prénoms. Sa vie vient de basculer à jamais en quelques secondes suite au cataclysme. Sa famille qui était si importante pour elle, son mari qui avait été son roc, ses enfants qui remplissaient sa maison de joie n'avaient aucune chance d'être retrouvés vivants. Ils viennent de partir loin de-là, laissant derrière eux un cœur rempli de douleurs incommensurables.

Aicha est dans une situation de désespoir et ne parvient pas à surmonter l'épreuve difficile. Elle marche sans but à travers les ruines, parlant à la pierre et la poussière, se demandant si elle pourra retrouver un peu de normalité après avoir appris la perte immense qu'elle vient de subir.

Alors qu'elle s'efforce à se tenir au milieu des débris, une voisine du village escalade les vestiges avec un plat de nourriture à la main, exprimant son soutien empathique et offrant à *Aicha* une épaule pour pleurer et une main pour se relever.

Le cœur brise la pierre.

Aicha n'a pas fini sa vie même si ses proches sont partis. Elle ne les oubliera jamais et elle continuera à les appeler par leurs prénoms, ils vivront toujours avec elle.

Mehdi, âgé de 13 ans, contemple le reste de sa maison en ruines en méditant sur le désastre qui vient de toucher son village et sa famille. Agrippé à un septuagénaire assis à ses côtés, ce dernier lui fait part de sa douloureuse histoire quand il était jeune et comment il avait tout perdu lors du tremblement de terre d'Agadir. Il lui raconte également comment il avait pu reconstruire sa vie, retrouver de nouvelles raisons de sourire et reprendre espoir grâce à une communauté qui l'avait aidé à surmonter la pente. Il explique à *Mehdi* qu'il doit se relever et apprendre à vivre à nouveau s'il veut honorer la mémoire des siens.

Devant la mort, nul ne peut rester fort.

Les séquelles de la tragédie ne disparaîtront jamais complètement d'*Aicha* et *Mehdi*, le fait de perdre toute sa famille dans une catastrophe est traumatisant et l'étendue de ce sentiment reste difficile à gérer. Cela peut causer un choc mental très profond, un sentiment de vide et des difficultés à faire face à la réalité.

Certes, les mots prononcés n'apaisent guère les maux subis, *Aicha* et *Mehdi* comme des centaines de leurs covillageois ont perdu non seulement tous leurs proches, mais également une grande partie de leur identité, de leur routine quotidienne et soutien émotionnel. Cette lourde perte peut aussi affecter leur santé mentale et leur capacité à bien gérer leur vie, ils auront certainement besoin d'une aide professionnelle et un soutien social plus importants pour se reconstruire.

« Le temps n'a qu'une réalité, celle du présent. Autrement dit, le temps est une réalité du présent, suspendu entre deux néants », comme disait le philosophe *Gaston Bachelard*. Le présent pansera forcément les blessures du passé de ces personnes endeuillées, et nous espérons qu'au fil des jours, elles retrouveront les moyens de faire face à leur douleur et la force de continuer à avancer.

Prière funéraire.

D'après le témoignage d'un habitant d'Ouirgane, village fortement impacté par le séisme à cause de sa proximité avec l'épicentre, ce témoin a mis à la lumière l'incompréhension de certains sujets clés. Un homme qui vient de perdre ses parents, ses deux sœurs et plusieurs proches et amis explique à l'animatrice d'une station de radio pourquoi la majorité des habitants des zones sinistres refusent de partir malgré les dangers. Il dit : « Ce n'est pas aussi simple que vous le croyez. La réalité profonde de cet attachement ne peut pas être observée avec nos lunettes adaptées à la température de la ville. La chaleur affectueuse de ces maisons situées au bout du monde, construites au fin fond des vallées ou au sommet des montagnes est plus qu'un simple réchauffement climatique aux yeux de ces villageois, elle représente leur identité et leur histoire conjuguées à tous les temps. Ils vivaient dans une maison transmise de génération en génération, et ils ont vécu dedans avec leurs parents, grands-parents, oncles, tantes, cousins, frères, et, et, et... Pensez-vous qu'il serait facile de tout oublier et d'aller vivre ailleurs ? Non, détrompez-vous ! Ils ne quitteront pas leurs domiciles tant que leurs défunts n'auront pas été retrouvés. Ensuite, une fois les décombres balayés, ils rechercheront leurs effets personnels et matériels, des vestiges s'il en reste, et ils reconstruiront leurs maisons au même endroit et de la même manière traditionnelle si nécessaire. J'avoue que je ne me sentais mieux nulle part ailleurs loin de ma ou plutôt mon ex-maison familiale (émotion et silence à l'antenne). Réunit avec ma famille sur la grande esplanade autour d'un tajine et un verre de thé, resté réveillé très tard la nuit en contemplant les étoiles scintillantes, c'était le meilleur moment de ma vie, conclut-il en larmes ».

Le pays entier a été touché par l'histoire émouvante de *mi-Fatma*, une femme âgée ensevelie sous les décombres de sa maison. Des passants ont entendu ses appels à l'aide et ont travaillé avec acharnement pour la libérer malgré les risques. *Mi-Fatma* a finalement été sauvée, les larmes qu'elle a versées en signe de gratitude et de bonheur ont été un puissant rappel de la résilience et la force de la solidarité humaine face à l'adversité.

L'esprit solidaire : Une dame âgée sauvée miraculeusement par des bénévoles.

« À ceux qui aiment celui qui émigre vers eux. Ils ne trouvent dans leur cœur aucune envie pour ce qui a été donné à ces immigrés. Ils les préfèrent à eux-mêmes, malgré leur pauvreté. Celui qui se garde contre sa propre avidité, ceux-là sont les bienheureux ». *Saint Coran 59 : Le rassemblement.*

D'après le témoignage de certains bénévoles venus des pays du Golfe, l'une des choses qui a attiré leur attention et que les mots ne peuvent exprimer reste la capacité des gens sinistrés à résister, tout en exprimant leur joie de recevoir des étrangers. *Ahmed*, un vieil homme ayant tout perdu, sa famille et ses biens, leur exprime sa gratitude et insiste à leur offrir du thé. Outre son endurance face au drame, ce qui leur a plus surpris était la foi qui subsistait en ce nonagénaire fort d'esprit altruiste, qui ne cessait de louer Dieu que cette destruction ait affecté des villages et non des villes à forte densité. Il affirmait que la situation inverse aurait été bien plus chaotique et les villageois n'auraient pas eu beaucoup à offrir, comme ils n'auraient pas pu aider leurs concitoyens citadins de la même manière que ces derniers le font envers eux.

Un des touristes présents à ce moment-là déclare sur une chaine étrangère que ce qui l'a profondément ému, au-delà de la cohésion nationale, était cette fillette de dix ans qui cherchait de la nourriture au milieu des décombres pour nourrir des chats derrière elle. Dans une épreuve aussi tragique qu'elle soit, au cours de laquelle cette enfant a certainement perdu au moins un membre de sa famille si elle n'est pas déjà orpheline, les animaux avaient une grande place dans son âme charitable.

À propos, des dizaines de touristes étrangers ont décidé de prolonger leur séjour pour venir en aide aux sinistrés. Une action très félicitée et largement diffusée par le biais des réseaux sociaux.

Bien que les dons suivent l'adversité, toutes les provisions collectées pour subvenir aux besoins des victimes ne sont que des objets éphémères. Néanmoins, l'appui restera solidement ancré dans l'esprit des citoyens profondément touchés par le drame et surtout par le partage et l'humanité.

Les héros anonymes qui se sont levés dans l'obscurité nous rappellent que la vie est fragile et tient à un fil très fin, et que l'Homme peut facilement tout perdre d'une minute à l'autre. Mais tant que nous restons proches l'un de l'autre, la bonté et la compassion demeureront notre force pour briser les moments les plus sombres.

L'homme à la bicyclette.　　　　　　　*La dame soldate.*

Le peuple s'est uni dans la détresse au milieu de la tragédie. *Myriam*, franco- marocaine, médecin aux hôpitaux de Paris, a été une autre source de clarté dans l'obscurité. Après avoir pris congé avec d'autres collègues, ils partent pour Marrakech et arrivent sur les lieux sinistrés pour apporter leur aide aux blessés.

Hassan et Kader, mes deux grands amis en France à qui je rends hommage pour leur dévouement à l'égard du travail associatif, ont également donné un bel exemple de solidarité dans ce drame. Depuis qu'ils ont pris les rênes de Capis sur leurs épaules, une association caritative dédiée à l'assistance des malades et des enfants en situation de handicap, leur langage est concentré sur un seul objectif : élever cette noble responsabilité à des sommets vertigineux. L'esprit de ces soldats invisibles, désormais hypnotisé par la quête incessante de moyens pour servir leur engagement, est un autre exemple de la détermination des Marocains du monde à améliorer leur pays d'origine. Leur engagement permanent aux différents combats de leur mère-patrie, bien au-delà des frontières de leur quotidien ordinaire, a servi de modèle d'une communauté aussi présente et engagée pour prouver sa loyauté.

Capis : « Nous déplaçons les montagnes pour nos malades ». Merci, mes amis !

Des personnalités célèbres qui chérissent profondément ce pays où elles résident se sont mobilisées immédiatement pour apporter leurs aides aux victimes, à l'image de *Maitre Gims* qui, à la suite d'un concert en France, a pris immédiatement le premier vol disponible pour rejoindre sa famille vivant à quelques kilomètres des zones sinistrées.

L'apparition du chanteur et compositeur franco-congolais, de son vrai nom *Gandhi Djuna*, au milieu des associations locales pour leur prêter main-forte a été d'abord un soutien moral félicité par la population marocaine, avant qu'il soit matériel.

Maitre Gims vient en aide à un village dans le chaos.

Une figure emblématique du travail caritatif a souligné également un rôle efficace dans la gestion de la catastrophe, et ce, grâce à sa grande expertise à l'échelle international. Il s'agit de l'ancien ministre Français et Président du FMI, *Dominique Strauss Kahn*, qui affirme par le biais de l'association "Mekkil" qu'il dirige : « Le Maroc est mon second pays. Il m'a beaucoup donné d'Agadir où j'ai passé mon enfance, à Marrakech où je vis aujourd'hui. C'est le domaine de la protection de la mère et de l'enfant au sens large du terme que l'association Mekkil que je préside a choisi pour tenter de rendre modestement aux Marocains une part des bienfaits dont ils m'ont comblé ».

13 septembre 2023. En duplex sur BFM depuis Marrakech, où réside actuellement Dominique Strauss Kahn.

L'hôtel Pestana CR7, situé au centre-ville de Marrakech et appartenant à la star mondiale de football *Cristiano Ronaldo,* a accueilli plusieurs personnes concernées par la catastrophe, dont une Espagnole qui s'est exprimée au micro de la chaine *24 Horas* : « Nous avons réussi à nous approcher de l'hôtel de *Cristiano Ronaldo* à 7h du matin pour avoir une chambre, après avoir passé la nuit dans la rue. Ils nous ont dit qu'ils peuvent nous accueillir ».

Journal Le Figaro sport. Publié le 10/09/2023 par S.F.

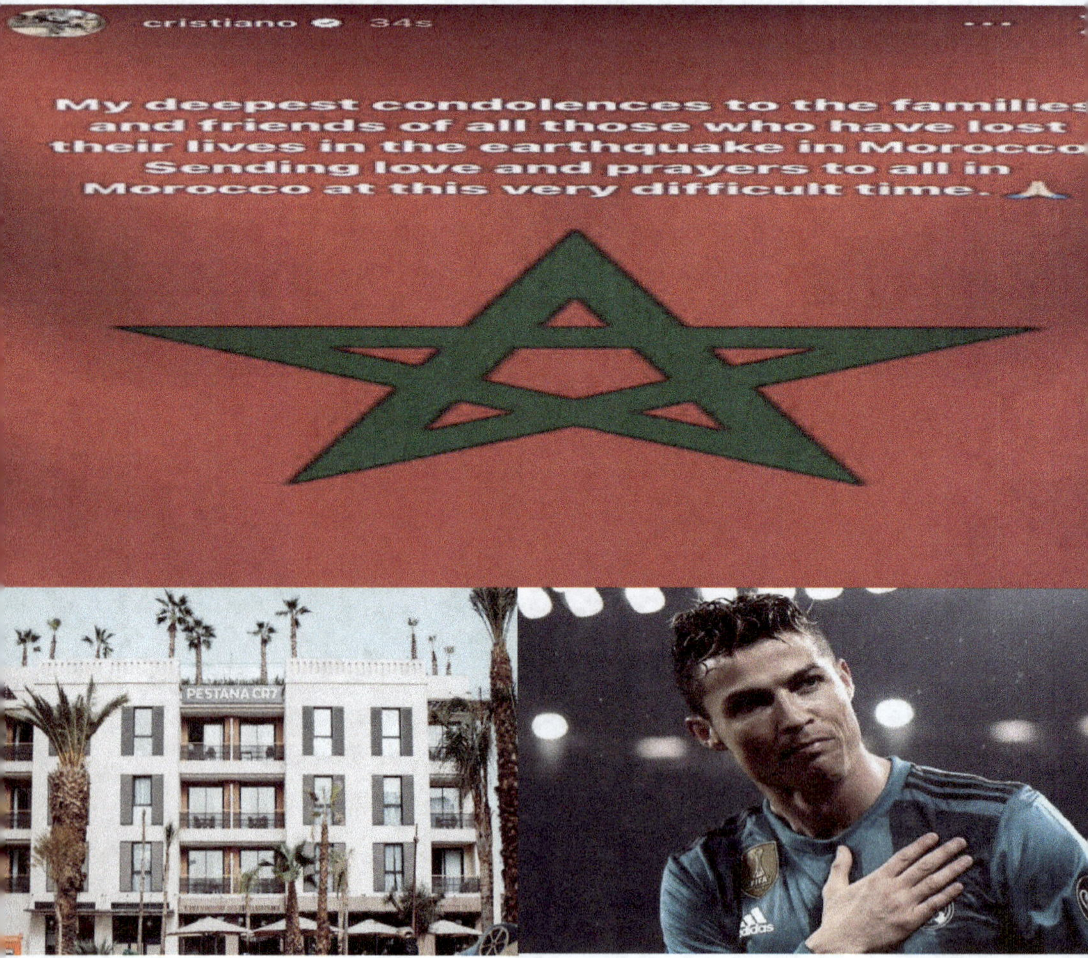

Obrigado !

L'homme d'affaires Britannique *Richard Branson*, patron du groupe Virgin et propriétaire de nombreux riads dans la région d'Al-Haouz s'est immédiatement déplacé sur les lieux pour venir en aide aux victimes. La fondation *Eve Branson* qui porte le nom de sa mère œuvre depuis 2005 dans la région pour élever le niveau de vie des femmes et des filles berbères. Le milliardaire écrit sur son compte twitter : « Eve était une aventurière, une écrivaine, une mère et une amie compatissante pour les femmes et les filles des montagnes du Haut Atlas. Le Maroc a été durement touché par un fort séisme de magnitude 6,8. Nous travaillons à activer une réponse coordonnée pour apporter de l'aide là où elle est le plus nécessaire et soutenir les efforts de rétablissement. Nos pensées au peuple marocain ».

Gad El Maleh, l'humoriste chéri de ses compatriotes, a organisé un spectacle au cours duquel il a réussi à collecter près de cinq millions de dirhams au profit des victimes du séisme. Devant de tels actes altruistes, que pouvons-nous dire ? Parfois, le silence est une sagesse.

Tant que nous continuons à se tendre la main, tant que la terre, qui a tremblé cette nuit-là pour nous secouer, continue à porter des gens de cœur comme l'homme à la bicyclette qui tenait à participer à son tour, ne serait-ce qu'avec la moitié d'un sac de blé, ou la brave dame qui donne son anneau de dot en aumône, ou alors la femme courageuse qui, en pleine détresse, oublie ses pertes et ses peines pour offrir à manger aux soldats, l'humanité ira bien et l'espoir persistera.

Le vélo de l'amour. Les seigneuresses de l'anneau et du bidon d'huile. Don de sang. Yassine Bounou : l'enfant de la nation.

Dans un reportage passionnant diffusé sur Medi1TV, sous le titre : "Avec le Maroc depuis Washington", Le journaliste Américain *Marc Faivli* cite :

« Dans les difficultés, nous apprenons de nouvelles leçons. Nous découvrons nos amis et obtenons des faits que nous ne connaissions pas auparavant ».

Yassine Khaled, 13 ans, est un enfant parmi d'autres qui ont été horrifiés par les scènes du séisme. Il a demandé la permission à sa mère et a lancé une initiative, petite à ses yeux mais très grande aux yeux de ses compatriotes Marocains, pour collecter des dons en faveur des victimes. L'enfant *Yassine* qui vit aux États Unis raconte : « J'ai été envahi par un sentiment de soulagement lorsque j'ai décidé d'aller faire un don avec ma sœur et ma mère. C'est vraiment triste ce qui s'est passé, et tout ce que nous offrons est peu ».

L'enfant Yassine et d'autres enfants au milieu des dons : USA.

À l'école, *Yassine* a dirigé une petite armée de ses amis et connaissances en espérant que son souhait urgent qui est la collecte d'un maximum de dons, se réalisera pour atténuer la douleur des victimes et accomplir son devoir humanitaire et patriotique envers des enfants comme lui ayant tout perdu. *Yassine* est un petit héro et modèle d'une masse de sentiments humains qui ont explosé au-delà des frontières pour écrire l'épopée d'un peuple soudé malgré les distances.

Un peuple qui s'accroche à ses valeurs qu'il a héritées de ses parents, et qui les transmet durablement à ses enfants. L'actrice Américaine et productrice de cinéma *Oprah Winfrey*, qui adore Marrakech et la qualifie de remplissage d'âme, a exprimé sa solidarité en apportant son aide avec son propre argent.

L'artiste plasticienne Américaine *Maggy O'Neill*, en raison de son grand amour pour le Maroc, a également consacré une partie de ses ventes au profit des victimes. Elle affirme sur Medi1 TV : « Je suis allée au Maroc dix fois au cours des douze dernières années, c'est un pays spécial pour moi pour de nombreuses raisons. En tant qu'artiste, je ne connais aucun autre endroit au monde qui m'a influencé en termes d'esprit créatif et de couleurs artisanales. Les gens là-bas vous comblent d'une générosité, d'une humanité et d'une spiritualité sans précèdent. Si je pouvais quitter mon travail et y aller pour aider d'une manière ou d'une autre, je le ferais demain sans hésiter »

Oprah Winfrey.   *Maggy O'Neill.*

Un autre journaliste de News-look nommé *Giorgio Cafiero* cite : « Tout le monde prie pour le Maroc ces jours-ci ».

Pourquoi tant d'amour, de compassion et de sympathie partagés avec un peuple qui agit spontanément à l'égard de la paix et du respect d'autrui ? La réponse réside incontestablement dans son histoire authentique qui rejaillit du fond de son âme, de son ciel bleu, de ses eaux azurées et ses hautes montagnes, avec comme message : " Paix, cohabitation, coexistence".

" C'est le Maroc aux yeux de ses amoureux ", conclut le journaliste.

Il n'est pas étrange de voir des gens venir pour une simple visite puis en tomber amoureux et souhaiter y rester. Le Maroc, outre sa nature somptueuse et son climat agréable, il offre la sécurité, la stabilité politique et les infrastructures adaptées à une vie décente.

La politique envers les étrangers diffère d'un pays à l'autre, cependant, au Maroc, en dépit des différences dans la culture, les origines ou les confessions religieuses, la population cohabite pacifiquement et chacun est considéré citoyen à part entière et non entièrement à part. La tolérance reste une valeur fondamentale de la société marocaine, carrefour de cultures et de civilisations.

Les Marocains sont fiers de leur patrimoine culturel et historique et sont heureux de le partager. Le tourisme reste un secteur vital de l'économie du pays qui accueille chaque année des millions de visiteurs, ce qui le place souvent dans le top 10 des pays les plus accueillants.

Bien que la reconstruction physique soit un défi considérable, elle est soutenue par l'espoir et la persévérance. La région se lèvera à nouveau, les rues seront remplies de vie, les monuments se dresseront avec fierté et le sourire remplacera la poussière.

L'aide humanitaire s'accélère à travers tous les continents, alors que le pays essaie d'abord de panser ses blessures avec ses propres moyens. Les nations se rassemblent pour lui apporter leur aide mais le Maroc retient sélectivement l'intervention de quatre pays seulement, considérés comme amis et alliés, à savoir l'Espagne, la Grande Bretagne, le Qatar et les Émirats Arabes Unis. Face aux catastrophes naturelles, aucun pays, quelle que soit sa taille ou son poids économique, n'est à l'abri de pertes. Cependant, chaque nation s'efforce de limiter les dégâts et de tirer des leçons de l'adversité.

Le fait de solliciter ou d'accepter l'aide humanitaire de manière irréfléchie est inutile et conduit souvent au chaos et à l'anarchie. À cet égard, le Maroc a pris une décision louable adaptée à une approche sélective dans le traitement des subventions étrangères. Il considère qu'il n'est pas éthique et moral d'accepter toutes les aides internationales de manière aléatoire et désorganisée. À savoir que la Libye à titre d'exemple en souffrait davantage et en avait aussi besoin, en raison du drame dévastateur qui l'a frappé en même temps que le Maroc.

Un convoi militaire chargé de la distribution des aides.

La décision d'un pays d'accepter ou de refuser l'aide humanitaire étrangère dépend de divers facteurs, comme la situation géographique, les types d'assistance requis, les relations diplomatiques, la politique intérieure ou la capacité nationale à faire face aux crises. Il est possible que l'acceptation de l'aide étrangère pose des problèmes de coordination dans la gestion des différents acteurs humanitaires sur le terrain, ou que les relations diplomatiques entre un pays fournissant de l'aide et un pays en besoin soient influencées par des éléments externes tels que la politique étrangère, les alliances ou les tensions géopolitiques.

La France en particulier ne figurait pas parmi les pays choisis pour cette action humanitaire. Les secours ont transité par des passerelles associatives, des organisations caritatives et des volontaires qui ont courageusement acheminé l'aide vers la région.

En tant que nation et sur le plan humain précisément, les peuples français et marocains ont toujours entretenu des relations amicales, soutenues par des échanges mutuels et des visites fréquentes. Cependant, en tant qu'État et sur le plan politique cette fois, les relations diplomatiques entre la France et le Maroc se sont malheureusement détériorées ces derniers temps, elles sont devenues plus complexes sous la présidence d'Emmanuel Macron.

Le Maroc, avec sa gestion prudente de la crise, a confirmé sa souveraineté en tant que pays avec une longue histoire, comme il a prouvé également qu'il est une école en sciences humaines, une medersa qui sait comment enseigner à ses élèves les principes des valeurs morales et fondamentales grâce à la cohésion familiale et la solidarité fraternelle. Les leçons transformées en examen obligatoire que le Maitre du haut château a ordonné à ses disciples dans ces circonstances extrêmement difficiles étaient à la hauteur d'une tâche spirituellement remarquable. Les Marocains en tout dévouement ont bien compris le devoir et répondu parfaitement à l'examen avec une grande habileté. Ils se sont unis derrière leur maitre en tant qu'élèves assidus, en donnant ensemble de leur sang, de leur temps et de leurs fonds. Quelles valeurs qui méritent fortement d'être enseignées ! Celles qui donnent d'abord la priorité au peuple pour exercer son devoir civique et patriotique avant de demander ou d'accepter l'aide étrangère. Son refus total ou partiel, accompagné de remerciements à l'égard des aides humanitaires a suscité de nombreux points d'interrogation, ayant été une première sans précèdent. Aucun pays affronté à une telle épreuve n'avait jamais refusé de l'aide auparavant. Mais le Maroc a su gérer la situation de manière rationnelle en s'adressant d'abord aux siens avec un message codé à la manière de César et que le peuple conçoit fort bien : le Lion, même quand il tombe, il ne meurt pas tant qu'il reste protégé par ses lionceaux.

Pendant le séisme, les villes étaient en compétition pour exploiter des camions et acheminer les aides, toutes les actions humanitaires étaient visibles dans cette scène dramatique. Un coiffeur installe sa chaise au milieu des ruines et s'occupe des cheveux des villageois pour apaiser leurs souffrances et leur remonter le moral, pendant qu'une femme en deuil invite ses sauveteurs à manger et une autre offre son anneau unique au profit des sinistrés. Un vieillard à vélo remet un demi-sac de farine, tout ce qu'il possède peut-être, et s'en va le dos courbé. Des médecins prennent congé et se précipitent aux secours des blessés. Un groupe de restaurateurs Syriens résidant au Maroc s'empressent sur les lieux et ouvrent gratuitement un restaurant mobile au service des victimes, jugeant cela comme devoir envers un pays qui les a accueillis à bras ouverts. Du haut d'une maison en ruines, une dame âgée peine à oublier et fait rire ses hôtes étrangers avec des anecdotes sans fin. Quelle force mentale et quelle foi enviable de ces gens philanthropes !

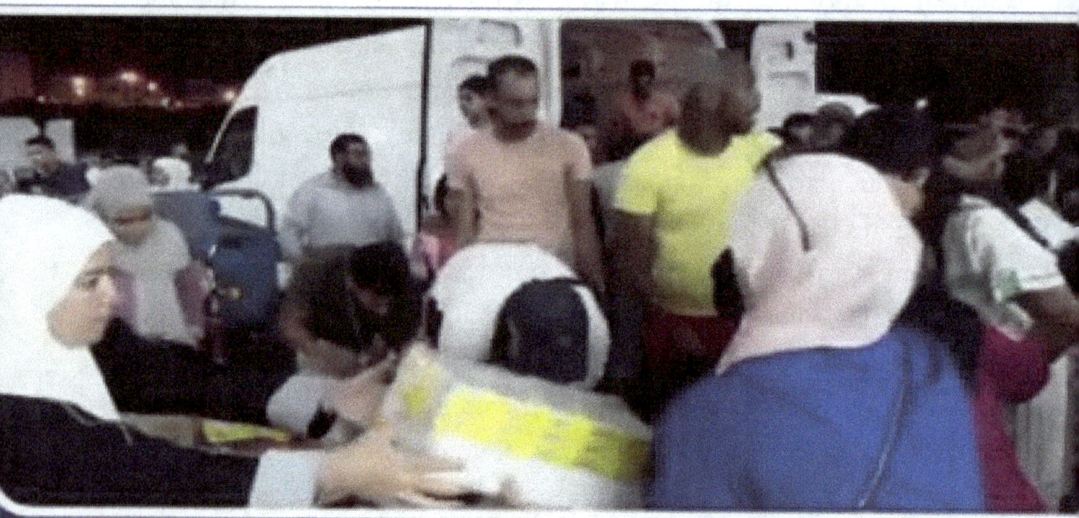

Les dons parlaient aux bienfaiteurs : " ça suffit "

Le Marocain est vraiment étonnant par sa dualité. Parfois, il part au quart de tour pour des choses les plus banales ; des klaxons aux heures de pointe aux querelles inutiles dans les rues ou les marchés. Mais, dès qu'il perçoit sa communauté en danger ou dans le besoin, l'émotion prend le dessus et il rassemble immédiatement ses forces pour soutenir ses compatriotes. Il part cette fois sur le pouce, en courant, en rampant, voire même en s'appuyant sur des béquilles. L'exemple poignant reste celui du jeune *Moulay Ali,* en situation de handicap, qui n'a pas hésité à contribuer avec son humble petit sac de provisions. Le modeste sac que portait ce grand cœur contenait bien plus que de simples vivres, il exprimait la quintessence de l'amour et de la solidarité qu'un humain puisse porter au fond de son âme et prêt à l'offrir à l'humanité entière. Merci, *Moulay Ali* !

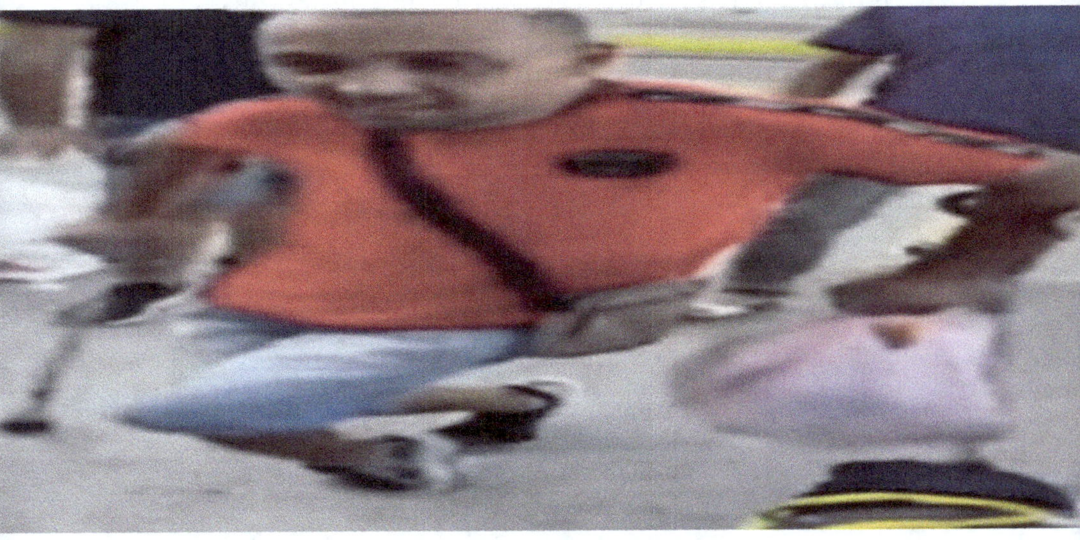

Ces épreuves ont permis de révéler des qualités enfouies ou peu apparentes dans une vie matérielle trépidante, et qui n'attendaient qu'un simple déclic pour s'exprimer. Le proverbe, comme il se dit si bien en arabe "Au Maroc, ne soyez pas surpris" montre à quel point il est courant de voir émerger au quotidien des aspects contrastes entre la population "mi-figue, mi-raisin", nature humaine oblige. Mais l'originalité marocaine reste particulièrement riche en valeurs morales, de sorte que les actes de gentillesse et de générosité se manifestent naturellement et spontanément dès qu'elles sont sollicitées ou qu'elles trouvent l'opportunité, sans que cela soit surprenant pour les familiers avec cette culture ancestrale.

Il n'est pas surprenant de voir un Marocain quitter son pays et sa famille uniquement pour chercher du travail afin de pouvoir subvenir aux besoins de ses parents, ses frères et sœurs, ses enfants, voire même ses proches et ses amis, esprit altruiste oblige. Ce dernier soutient toujours les siens par tous les moyens, et l'importance accordée à la famille reste une valeur incontestablement percée dans ses mœurs. Cette connexion profonde reflète la sensibilité humaine qui se révèle à travers ses actes de compassion et de générosité innée et transmise de père en fils. Des gens pour des gens, et Dieu pour les gens.

Devant cette épreuve, la femme militaire, outre son devoir professionnel dans le cadre de l'armée, a joué un rôle crucial dans le soutien moral aux femmes et enfants en particulier. Grâce à sa nature féminine, elle a pu nouer des liens émotionnels intimes avec les victimes, permettant ainsi une meilleure compréhension de leurs besoins spécifiques. Elle a créé un espace dédié aux enfants avec un encadrement affectueusement attentionné, où ces derniers se sont sentis en sécurité et en harmonie familiale.

Sa présence a permis d'avoir un environnement plus accueillant pour les femmes ayant perdu leurs familles. Sa compassion guidée par une sensibilité accrue et une compréhension empathique des situations sentimentales mettait plus à l'aise les victimes et leur donnait le courage d'extérioriser leurs chagrins et partager leurs préoccupations. Sa connexion féminine affective a su apporter une expertise psychologique plus apaisante que l'approche directive de ses collègues masculins.

Le rôle psychique de la femme militaire envers les enfants. Entre femmes, on se comprend.

Les déplacements des convois en provenance de toutes les provinces du Maroc nous rappellent ceux organisés en 1975, lorsque le peuple a répondu loyalement à l'appel historique du défunt Roi *Hassan II* visant à organiser une marche verte pour la libération des territoires occupés par l'Espagne.

Trois cent cinquante mille Marocains ont répondu à cet appel du Six Novembre, en se dirigeant vers les provinces du sud avec, comme seule arme, le drapeau marocain affirmant la souveraineté du Maroc sur ses terres occupées, et le Coran pour ancrer les enseignements du Livre Saint dans la région. Ils se sont unis dans un seul élan patriotique, révélant ainsi l'attachement loyal au trône royal.

L'appel de feu Roi Hassan II à la marche verte en 1975.

La Marche verte est devenue un symbole de l'unité nationale et de la force de la monarchie marocaine dans l'imaginaire collectif du pays. Aujourd'hui, les Marocains des provinces du sud ont répondu aux cris de leurs concitoyens, consolidant ainsi leur identité absolue et inconditionnelle envers leur mère-patrie. Le Maroc est le Sahara et le Sahara est le Maroc.

La relation entre le Maroc et l'Espagne est complexe et multiforme, marquée par des éléments historiques, culturels, économiques et politiques. Bien que des territoires tels que le Sahara avant, ou Ceuta et Melilla soient toujours revendiqués par le Maroc, la relation entre les deux royaumes se réjouit de l'aspect de coopération et de partenariat. L'Espagne est l'un des principaux partenaires commerciaux du Maroc, les deux pays travaillent ensemble dans divers domaines et entretiennent des relations économiques très étroites.

À cet égard, un grand projet est rangé depuis des années dans les tiroirs, dans l'espoir de se voir concrétiser un jour, visant à relier deux continents par un pont appelé Gibraltar. Le concept de cet édifice monumental serait une aubaine pour établir un lien physique non seulement entre deux pays, mais également entre l'Europe et l'Afrique, en traversant le détroit. Néanmoins, la réalisation d'un tel projet d'envergure serait complexe, car elle nécessite d'énormes ressources financières et une expertise technique de pointe, outre les défis environnementaux et géopolitiques à surmonter. Si jamais le projet se concrétisait, il figurerait dans les annales de l'histoire comme l'un des chefs-d'œuvre les plus spectaculaires de l'humanité.

Entre ciel et terre, les majestueuses montagnes de l'Atlas.

Chapitre 4
Détermination et espoir.

C'est lors des périodes difficiles que la véritable capacité se manifeste. Le peuple marocain n'a pas perdu sa détermination mais plutôt l'a fortifiée, et son soutien était inconditionnel. Les fans de football se sont transformés en une armée imbattable, criant avec ferveur "Allez Maroc !". Pour eux, le défi est plus qu'un simple ballon qui les réjouit ou un tremblement de terre qui les décourage, il représente l'essence même de la nation.

Le peuple a manifesté ses capacités à la fois dans les moments de joie et de peine, il a démontré sa résilience, sa compassion et sa solidarité, que ce soit sur le terrain de football au Qatar ou celui des décombres d'Al-Haouz. Chaque instant de sa vie est marqué par des émotions tangibles, démontrant que l'âme du pays demeurera solide tant qu'elle restera renforcée par l'esprit solidaire de ses enfants, et ce malgré les adversités.

Le supporteur marocain qui a engagé son portefeuille pour accompagner son équipe préférée jusqu'au Qatar, le voici en train de dégager des pierres du fond des montagnes, et engager encore une fois ses fonds pour venir en aide à ses victimes. Et tant que cet amour envers son pays demeure irrésistible, sa force continuera d'être le pilier de la nation.

Le soldat qui a ému la patrie.

Après difficulté il y a facilité. Bien que le drame qui a secoué la région ait été dévastateur dans son ensemble, il a également apporté un rayon d'espoir inattendu. Les habitants de la région, qui ont enduré la sécheresse pendant des décennies, ont vu sortir miraculeusement de l'eau depuis les montagnes. Les nouvelles sources ont eu un impact réconfortant sur la vie dans la région en raison de l'intérêt qu'elles susciteront chez les habitants pour la consommation et l'irrigation de leurs terres. Le moral a été renforcé par cette providence, démontrant que la nature peut réserver des surprises qui apportent un soulagement bienvenu même après des moments tragiques.

Le Maroc connait des réformes économiques et sociales importantes ces dernières années. Le nouveau modèle de développement, lancé en 2021, vise à accélérer la croissance économique et améliorer le bien-être social, notamment l'amélioration de l'accès aux soins de santé et le renforcement du système de protection sociale. Ce modèle repose sur l'investissement dans le capital humain, la promotion de l'entrepreneuriat et l'amélioration de l'environnement des affaires. Une série de réformes, en plus des projets en cours, dans le but de moderniser le pays sur tous les niveaux.

Les interprétations des catastrophes que notre Terre connait ces derniers temps résonnent différemment pour chacun. Certains les considèrent dans un contexte purement scientifique, attribuant ces événements aux forces naturelles. D'autres, en revanche, cherchent à discuter de la responsabilité humaine dans ces catastrophes, notamment en raison de pratiques industrielles excessives, d'activités souterraines, de réchauffement climatique ou même en évoquant des théories HAARP.

Dans un article paru au Figaro actualités, publié par *Steve Tenré* le 17/05/2023 et mis à jour le 16/09/2023, intitulé : " Bombes sismiques, chemtrails, projet HAARP... Dans le secret des armes climatiques ", il cite : « Le séisme au Maroc et les inondations en Libye ont ravivé les thèses conspirationnistes sur de prétendus armements capables de déclencher des catastrophes naturelles. Elles se confrontent à de réels projets de modification de climat. Le séisme au Maroc qui a fait près de 3000 morts a-t-il été déclenché par une "bombe vibratoire", comme l'affirment certains internautes ? Les inondations en Libye, responsables de milliers de décès, sont-elles le fait d'une "machine à engendrer des précipitations" ? Qu'en est-il des récents incendies à Hawaï, où des centaines de personnes ont disparu, et qui auraient été déclenché par une "arme à énergie", d'après de multiples publications sur les réseaux sociaux ? Depuis ces dernières années, ce type d'accusations se constate à la survenue de chaque catastrophe naturelle, conclut-il ».

Cependant, en dépit des multiples rumeurs, interprétations ou spéculations variées, et malgré l'abondance de devins, sorciers ou charlatans, le pays demeure confiant que rien ne saura le troubler ni mettre en péril son existence tant que ses citoyens resteront guidés par l'attachement à leurs valeurs, et unis derrière un souverain éclairé et rationnel.

Le Maroc, grâce à son passé glorieux et à sa dynamique actuelle, continue d'inspirer et d'émerveiller ceux qui ont l'opportunité de découvrir ses trésors cachés. Son histoire est un puissant rappel de la richesse qui peut émerger de la diversité et de la résilience, il a démontré son soft power à plusieurs reprises, en tant que nation unie et solidaire.

Le Marocain était au summum du civisme et de la responsabilité, en se mobilisant pour soutenir ses héros dans les moments faciles, et aussi pour essuyer la poussière sur le front de ses concitoyens sinistrés, exprimant sans relâche sa détermination à faire face aux difficultés.

Le peuple se tourne désormais vers l'avenir avec une détermination inébranlable à écrire ses lignes à l'encre radieuse, qu'il s'agisse de succès ou de défaites, de joies ou de peines. Il travaille pour surmonter lesdéfis, construire un lendemain meilleur et marquer une histoire remplie d'émotion et d'espoir.

Le tourisme est un secteur économique important pour le Maroc et ses provinces du sud sont magnifiques, avec un patrimoine culturel très riche et un paysage à couper le souffle. Les régions touchées par le séisme resteront des destinations touristiques populaires et des efforts de reconstruction sont en cours pour aider à restaurer les sites endommagés. Avec le temps, ces régions retrouveront leur place importante dans l'industrie économique du Maroc.

Marrakech restera célèbre avec sa médina historique, ses jardins luxuriants et sa cuisine variée. Ouarzazate persistera comme le Hollywood d'Afrique pour ses studios de cinéma, où de nombreux films légendaires ont été tournés. Agadir demeurera une ville balnéaire populaire avec ses plages de sable doré et ses vagues attractives pour les amateurs du surf.

Le Maroc est pays organisateur de la coupe d'Afrique 2025 et du Mondial 2030.

Au moment où j'arrive au point final de ce récit, et après avoir parcouru les moments de joies et de peines vécus par un peuple romancier issu d'un roman du terroir, un sentiment de fierté me submerge en espérant l'avoir abordé de manière suffisamment concise.

Cependant, la vie nous réserve parfois des surprises inattendues, car à ce moment précis, une péripétie intervient dans le déroulement de l'histoire. Sa Majesté le Roi vient d'annoncer officiellement la participation du Maroc à l'organisation du mondial 2030, et je ne pourrai laisser passer sous silence cette nouvelle extraordinaire qui éclaire le chapitre tragique d'Al-Haouz. Le Maroc accueillera un évènement international d'envergure en plus de la coupe d'Afrique en 2025, une heureuse nouvelle qui reflète les efforts importants du pays.

Il serait difficile de s'arrêter là et ne pas être enthousiasmé par cette annonce. Une fois de plus, le peuple se lancera dans une nouvelle course en trail pour promouvoir son pays et oublier le tremblement de terre et la douleur sortie de ses entrailles. Il se préparera également à briller sur la scène internationale en accueillant ces deux forums prestigieux, qui seront pour lui une opportunité de se faire connaitre encore une fois et démontrer son rôle essentiel dans la représentation de son pays.

Le douzième homme sur le terrain du Qatar et celui d'Al-Haouz se dressera fièrement pour soutenir de nouveau son équipe nationale. Les stades résonneront des chants patriotiques, la foule entonnera avec passion l'étendard angélique et étonnera de nouveau le public. Le Mondial tant attendu sera un moment historique pour le Maroc et le continent africain.

Le pays a déjà connu des expériences réussies dans de telles manifestations sportives, il a déjà organisé des coupes moins grandes comme la Coupe du Monde de la FIFA en 2010 et il est prêt à relever ce défi une nouvelle fois. Les terrains modernes et les infrastructures de premier plan seront au rendez-vous pour accueillir les équipes participantes et les supporteurs du monde entier. La passion marocaine pour le football sera palpable dans les stades où l'ambiance festive créera un souvenir inoubliable pour les visiteurs.

En organisant cet événement sportif d'envergure, le Maroc souhaite promouvoir son fair-play de la diversité culturelle et l'unité mondiale. Il mettra en avant son savoir-faire et sa réussite dans divers domaines comme le tourisme, l'industrie et les technologies de l'information.

Ces deux évènements sont bien plus que de simples compétitions sportives, ils forment une vitrine qui permettra au pays de mettre en lumière son dynamisme et ses efforts déployés pour assurer un développement durable. Ils serviront de plateforme pour le dialogue entre les nations et un trait d'union où les frontières disparaissent et les cultures se mêlent entre elles. Au-delà des retombées économiques et de l'attrait touristique, ils contribueront à renforcer la fierté nationale.

Avec une telle organisation majeure, le peuple aura l'occasion de faire valoir plus que jamais son histoire et son identité. Il montrera sa capacité à accueillir à travers l'hospitalité et la richesse de ses traditions culturelle et culinaire en particulier. Il confirmera également son rôle de leader en Afrique ainsi que sa volonté de contribuer au rayonnement du continent. Les prochains rendez-vous avec l'Afrique 2025 et le Monde 2030 seront promettant, la nation connaîtra de nombreux chantiers et projets de taille qui renforceront sa détermination à croître et prospérer davantage. Le royaume des défis rayonnera d'une lumière éclatante, rappelant sa grandeur et sa générosité, et le peuple sera prêt à ouvrir ses portes au monde.

Le Maroc a connu des moments de joies et de peines, mais les temps difficiles ne le dissuaderont jamais. Le pays et sa population ne forment qu'un seul corps, et si un organe s'en plaint, le corps tout entier souffre d'insomnie et de fièvre.

Le pays restera caractérisé par la valorisation de ses capacités et son potentiel économique et culturel, il continuera à promouvoir son patrimoine et son savoir-faire à l'échelle internationale, et ce, grâce à la volonté commune entre un Roi sage et un peuple majoritairement jeune et dynamique.

Nous savons où nous allons, et nous savons d'où nous venons.

"Dieu, la Patrie, le Roi".

Ô terre !

Dans l'écrin de tes montagnes majestueuses, tu révèles des merveilles précieuses.

Sous le soleil et les pluies bien joyeuses, ta splendeur réveille les époques dormeuses.

Dans la joie qui enchante mon cœur bienheureux, j'acclame ton slogan et les temps glorieux.

Dans la joie, mon cœur passionné, célèbre ton histoire qui l'a façonné. Les rires de l'enfance, chants et histoires, me comblaient de joie, ô roman du terroir !

Et lorsque l'ombre des tourments assombrit mes jours, je reste debout et l'espoir pour toujours.

Que malgré l'adversité qui s'avance, je reste confiant avec espérance. Les temps conditionnels nous enseignent sagement, que ton amour inconditionnel vivra éternellement.

Dans les tourbillons de tes flots nous apprenons, que dans la joie et les peines nous te suivons.

Dans la joie, dans les peines et dans mon âme, ton nom brille en moi comme une flamme.

Dans la joie, dans les peines je suis sincère, tu es chère dans ma chair, ô terre ma chère !

Med Labane.

Puisses-tu vivre éternellement !